MOTIVTORTEN

Torten dekorieren leicht gemacht

Autorin: Sandra Schumann | Fotos: Mathias Neubauer

INHALT

TIPPS UND EXTRAS

Umschlagklappe vorne:
Pimp your cake!

Umschlagklappe hinten:
… von zitronig bis schokoladig
Grundrezepte für Füllungen
Grundrezepte für Glasuren

10 KLEINE WUNDERWERKE

30 EINFACH SCHÖN

46 THE ART OF CAKE

EINFACH RUNDUM GELUNGEN

Mit ein paar ganz simplen Tricks kann man so manchen Tortenunfall vermeiden. Von der Vorbereitung bis zur Aufbewahrung – so wird's was mit dem Tortentraum!

TORTENBÖDEN SCHNEIDEN WIE DIE PROFIS

Um eine gefüllte oder geschichtete Torte herzustellen, muss der vorbereitete Tortenboden in mehrere gleichmäßig dicke Platten bzw. Lagen geschnitten werden. Dabei ist ein Tortenbodenschneider eine große Hilfe. Einfach den Schneidedraht auf die gewünschte Höhe einstellen und parallel zur Arbeitsfläche ansetzen (dazu den Rahmen mit den beiden Füßen auf die Arbeitsfläche stellen), dann damit den Tortenboden waagrecht durchschneiden. Um ohne Tortenbodenschneider einen geraden Schnitt hinzubekommen, kann man den Tortenbodenrand rundherum in gleicher Höhe mit ein paar Zahnstochern markieren und dann mit dem Brotmesser entlang dieser Markierung durchschneiden. Wurden die Tortenböden so vorbereitet, kann man die Platten füllen und anschließend wieder richtig schön zusammenzusetzen.

SCHÖN, DANK BUTTERCREME

Egal ob gefüllte oder geschichtete Torten zum Schluss mit einem dünn ausgerollten Fondant-Mantel oder einer dicken Schicht Buttercreme überzogen werden – das Gebäck sollte man zunächst immer mit einer feinen Schicht Buttercreme, auch Crumb-Coat genannt, einstreichen. Diese bindet zum einen alle locker sitzenden Kuchenkrümel, sodass die finale Tortenumhüllung nicht damit verunreinigt wird. Zum anderen dient sie als Trennschicht zwischen Füllung und Fondant, sodass dieser nicht aufweichen kann.

BEVOR ES RICHTIG LOSGEHEN KANN

Tortenböden kommen selten ganz gerade und glatt aus dem Ofen. Da sich aber alle Unebenheiten im Fondantüberzug und der aufgestrichenen Buttercreme abzeichnen, sollte jeder Boden vor dem Füllen und Verzieren begradigt werden. Dazu eignet sich ein langes Brotmesser (möglichst mit feinem Wellenschliff). Die obere Seite gerade abschneiden und den Tortenboden dann kopfüber auf eine Tortenplatte setzen. Oft ist die Unterseite nämlich deutlich ebener als die Oberseite.

EINE TORTE AUF REISEN

Um unbeschadet ans Ziel zu gelangen, sollten Torten vor dem Transport immer gut gekühlt werden. Füllungen und Überzüge, etwa mit Buttercreme und Schokolade, haben so mehr Stand und halten die Torte besser zusammen.

Zum Transport eignen sich stabile Styroporboxen oder Kartons. Diese mit Kühlakkus auslegen, um die Torte auf dem Weg weiterhin kalt zu halten. Die Box oder der Karton sollte groß genug sein, damit die Torte rundherum nicht anstößt und einen guten Stand hat. Für etwas längere Wege gibt es auch kleine Transportkühlschränke und spezielle Tortencontainer. Nicht vergessen: Box, Karton & Co. im Auto immer sichern, damit auf jeden Fall ein optimaler Halt gewährleistet ist.

Schwere und sehr hohe Torten sind besonders anfällig für Erschütterungen während der Fahrt. Deshalb sollten mehrstöckige Kunstwerke so weit wie möglich vorbereitet, aber in einzelnen Schichten transportiert werden. Dekorationselemente, die leicht abfallen oder brechen können, transportieren Sie am besten in separaten Boxen (mit Küchenpapier ausgelegt) und befestigen sie erst vor Ort an der Torte.

WENN WIRKLICH MAL WAS ÜBRIG BLEIBT

Einfache Sahnetorten und Torten mit Fruchtfüllung können im Kühlschrank maximal 2–3 Tage aufbewahrt werden. Trockene Kuchen oder Muffins sowie Buttercreme- und Fondant-Torten halten sich 4–5 Tage. Wobei Fondant-Torten idealerweise an einem dunklen, trockenen, kühlen Ort (z. B. im nicht feuchten Keller) gelagert werden sollten – und nicht im Kühlschrank. Dort fangen sie schnell an zu schwitzen und der Fondant weicht durch. Teilweise kann es auch zu Farbveränderungen kommen. Wer aber auf den Kühlschrank zurück-

greifen muss, sollte alle offenen Lebensmittel entfernen, um Geruchsübertragung zu vermeiden. Dann den Kühlschrank auf die wärmste Temperatur stellen und die Torte nicht abdecken, damit Feuchtigkeit entweichen kann. Wichtig: Alle Torten sollte man ca. 30 Min. vor dem Servieren aus dem Kühlschrank nehmen, damit sie sich gut schneiden lassen und beim Essen eine angenehme Temperatur haben. So kommt ihr Aroma voll zur Geltung.

Übrigens: Deko-Elemente aus Fondant (z. B. Blüten oder Zuckerrosen) kann man auch 1–2 Wochen im Voraus fertigstellen und in trockenen, luftdichten Behältern lagern. Auch Buttercreme lässt sich gut vorbereiten: Mit Folie abgedeckt kann man sie bis zu 14 Tagen im Kühlschrank aufbewahren. Die Buttercreme dann ca. 1 Std. vor der Verwendung herausnehmen, Zimmertemperatur annehmen lassen und gut durchrühren.

TORTEN EINSTREICHEN & EINSCHLAGEN

Mit Buttercreme eingestrichen und mit Fondant eingeschlagen – mit diesen zwei
Grundtechniken verwandeln Sie jede Torte zum echten Hingucker.

1 Den gefüllten Tortenboden
auf die Tortenscheibe setzen und
diese auf den Drehteller stellen.
Knapp ein Drittel der Buttercreme
auf die Torte geben.

2 Die Buttercreme rundherum
gleichmäßig mit der Winkelpalette verteilen. Diese erste
Schicht heißt Crumb-Coat und
schließt die Kuchenkrümel ein.

3 Torte 1 Std. kühlen, dann mit
der übrigen Creme einstreichen.
Dabei die Teigkarte am Tortenrand und zugleich auf der Tortenplatte gerade ansetzen.

4 Mit einer Hand die Teigkarte
gerade halten, mit der anderen
den Drehteller ein Stück drehen.
Wiederholen, bis der Rand der
Torte glatt ist.

5 Zum Schluss Oberfläche mit
der Winkelpalette glätten. Dann
die Teigkarte im 45-Grad-Winkel
von der Mitte aus auf die Torte
setzen, Teller langsam drehen.

6 Diesen Vorgang wiederholen
und dabei die überschüssige
Buttercreme von der Torte ab-
streichen. Die mit Buttercreme
umhüllte Torte kühl stellen.

1 Tortenboden (20 cm ⌀, siehe hintere Klappe; halbiert und gefüllt) | 1 Rezept Buttercreme (siehe hintere Klappe) | 750 g Fondant | große Tortenscheibe | Drehteller | lange Winkelpalette | rechteckige Teigkarte | Silikonmatte | Rollstab | Fondant-Glätter | Pizza-Schneider
Für 1 Torte (14 Stücke) | 40 Min. Zubereitung | 1 Std. Kühlen

7 Den Fondant weich kneten und auf der Silikonmatte mit dem Rollstab 3 – 4 mm dick ausrollen (siehe auch Tipp).

8 Sollten sich in der Fondant-Platte Luftblasen gebildet haben, diese mit einer Nadel aufstechen. Küchenpapier anfeuchten, die Torte damit rundherum abtupfen.

9 Die Fondant-Platte über die Torte legen und die Oberseite mit dem Glätter glatt streichen.

10 Nun den Fondant auch an der Seite nach und nach glatt an den Tortenrand streichen, dabei von oben nach unten arbeiten und den Drehteller zu Hilfe nehmen.

11 Fondant rundherum mit dem Pizza-Schneider grob kürzen. Überstehende Fondant-Ränder erneut andrücken, glätten und gerade am Rand abschneiden.

TIPP:

Rollstab und Silikonmatte eignen sich besonders gut zum Ausrollen von Fondant, da dieser daran nicht haftet. Alternativ kann man ein Nudelholz und Speisestärke oder auch Puderzucker verwenden – das schützt vor dem Ankleben.

MEHRSTÖCKIGE TORTEN AUFBAUEN

3 eingestrichene und eingeschlagene Tortenböden (20 cm, 15 cm und 10 cm ∅, siehe S. 6 / 7) |
1 Rezept Royal Icing (siehe hintere Klappe) | zugeschnittene Kartonkreise (15 cm und 10 cm ∅) |
Zahnstocher | 8 Holzstäbchen (ca. 20 cm lang)
Für 1 Torte (18 Stücke) | 20 Min. Zubereitung

1 Großen Tortenboden auf eine Tortenplatte legen. Großen Kartonkreis in die Mitte legen, mit einem Zahnstocher rundherum fahren und den Kreis anzeichnen.

2 Innerhalb dieser Markierung 1 Stäbchen gerade bis zur Platte in den Tortenboden stecken. Die Stelle markieren, wo die Torte aufhört, Stäbchen herausziehen.

3 Mehrere Stäbchen (8 Stück für eine Torte von 20 cm ∅) auf die markierte Höhe zuschneiden und gleichmäßig im angezeichneten Teil des Tortenbodens verteilen.

4 Eine dünne Schicht Royal Icing in der Mitte des vorbereiteten Tortenbodens gleichmäßig auftragen und den mittleren Tortenboden daraufsetzen.

5 Den kleinen Spalt zwischen den beiden Etagen mit ein wenig Royal Icing (oder einem Band, Buttercreme oder einem dünnen Fondant-Streifen) verdecken.

6 Den mittleren Tortenboden wie in Punkt 2 und 3 beschrieben, mit Stäbchen und Royal Icing versehen. Zum Schluss den kleinen Tortenboden daraufsetzen.

BLÜTEN UND ROSEN FORMEN

je 100 g weißer und rosa Fondant | Speisestärke | Silikonmatte | Rollstab | Ausstecher in
Blütenform (4 cm ⌀) | Modellierstab Nr. 4 oder 5 | kleiner Pinsel | Zahnstocher
Für 10 Blüten oder 3 Rosen | 15 Min. Zubereitung | 1½ Std. Trocknen

1 Weißen Fondant weich kneten, auf der Silikonmatte mit dem Rollstab 2 mm dick ausrollen. Blüten ausstechen. Hälfte des rosa Fondants zu Kugeln (2 cm ⌀) formen.

2 Mit dem Modellierstab am Rand der Blüten entlangfahren. Blüten über die mit Klarsichtfolie umhüllten Fondantkugeln legen und 1 Std. trocken lassen.

3 Den übrigen rosa Fondant zu Kügelchen (3 pro Blüte) formen. Blüten in der Mitte mit Wasser einpinseln, die Kügelchen daraufsetzen, 30 Min. trocknen lassen.

4 Für 1 Rose aus rosa Fondant 1 Tropfen (1 cm ⌀) formen, auf 1 Zahnstocher stecken und 1 Std. trocknen lassen. Fondant ausrollen, 3 Blütenblätter ausstechen.

5 Blütenblätter nacheinander mit ein wenig Wasser einpinseln und von unten auf den Zahnstocher und an den Tropfen schieben. Die Blütenblätter andrücken.

6 Die Fingerspitzen in etwas Stärke tauchen und die Blütenblätter zu einer Rosenform modellieren. Aus dem übrigen Fondant weitere Rosen formen.

KLEINE WUNDERWERKE

Es muss ja nicht immer gleich eine große, mächtige Torte sein. Ob Cake-Pops für die Babyshower-Party oder den Mann auf See, Cookies für Helden und Angsthasen oder Cupcakes mit Flower-Power oder die königliche Familie – so geht es klein, aber garantiert fein.

LIEBE GRÜSSE!

Ob frisch verliebt oder Dauerflamme, beste Freundin oder genialer Kollege – diese liebevoll dekorierten Cupcakes sprechen für sich.

Für die Garnitur:
100 g weißer Fondant
grüne Zuckerschrift
6 Zuckerherzen
½ Rezept Buttercreme (siehe hintere Klappe)
150 g hellgrüner Fondant
Für den Teig:
100 g weiche Butter
100 g brauner Zucker
2 Eier (M)
65 g Mehl
35 g gehäutete gemahlene Mandeln
abgeriebene Schale von 1 Bio-Zitrone
Außerdem:
Motiv-Vorlage (Vogel)
6er-Muffinblech
Butter für das Blech
runde Ausstechform (8 cm ⌀)

Die kommen gut an!

Für 6 Cupcakes |
25 Min. Zubereitung |
4 ½ Std. Trocknen |
30 Min. Backen
Pro Stück ca. 880 kcal,
5 g EW, 38 g F, 130 g KH

1 Die Motiv-Vorlage einmal ausdrucken (siehe vordere Klappe). Den weißen Fondant weich kneten und daraus nach der Vorlage 6 Vögel formen. Die Briefe mit ganz wenig Wasser einpinseln und je 1 Zuckerherz darauf befestigen, ca. 30 Min. trocknen lassen. Dann mit der Zuckerschrift Flügel, Wimpern und Pünktchen aufmalen. 4 Std. trocknen lassen.

2 Mit dem weißen Icing Vögel, Schwanzfedern und Briefe erst umranden und dann ausfüllen. Auf jedem Brief 1 Zuckerherz befestigen und ca. 30 Min. trocknen lassen. Mit dem grünen Icing Flügel, Augen und Pünktchen aufspritzen. 4 Std. trocknen lassen.

3 Backofen auf 180° vorheizen. Die Mulden des Muffinblechs einfetten. Für den Teig Butter und Zucker mit den Quirlen des Handrührgeräts in 5 Min. cremig rühren. Die Eier nach und nach unterrühren. Mit einem Teigschaber Mehl, gemahlene Mandeln und Zitronenschale unterheben. Teig in die Blechmulden füllen und im Ofen (Mitte) ca. 30 Min. backen.

4 Die Muffins aus dem Ofen nehmen, kurz abkühlen lassen und aus dem Blech lösen. Auskühlen lassen. Dann die Buttercreme möglichst glatt und gleichmäßig auf der Oberseite der Muffins verstreichen. Hellgrünen Fondant weich kneten, 3 – 4 mm dick ausrollen und 6 Kreise ausstechen.

5 Die Fondant-Kreise mit wenig Wasser einpinseln, die Vögel daraufsetzen und leicht andrücken. Die Kreise vorsichtig auf den Muffins platzieren.

BABYSHOWER

Puller-Party, Taufe oder Babyshower – mit diesen süßen Cake-Pops machen
Sie ganz sicher jeder Mutter eine Riesenfreude.

Für die Cake-Pops:
3 Eier (M)
60 g Zucker
2 Pck. Vanillezucker
75 g Mehl
½ TL Backpulver
100 g Doppelrahm-Frischkäse
4 TL Himbeer- oder Erdbeerkonfitüre
Für die Garnitur:
je 50 g rosa, weißer und hellblauer Fondant
180 g weiße Kuvertüre
100 g Zartbitterschokolade
Außerdem:
Springform (20 cm ⌀)
Butter für die Form
Lochtülle (6 mm ⌀)
20 Cake-Pop-Stiele
Styroporplatte
2 kleine Spritztüten

Für Jungs & Mädchen

Für 20 Cake-Pops |
45 Min. Zubereitung |
20 Min. Backen |
55 Min. Kühlen
Pro Stück ca. 165 kcal,
3 g EW, 8 g F, 21 g KH

1 Backofen auf 180° vorheizen. Den Boden der Springform mit Backpapier auslegen, den Rand einfetten. Eier trennen. Eiweiße mit den Quirlen des Handrührgeräts steif schlagen. Zucker und Vanillezucker langsam einstreuen und weiterschlagen, bis die Masse fest ist. Eigelbe dazugeben und rasch unterrühren. Mehl und Backpulver mit dem Teigschaber unterheben. Den Teig in die vorbereitete Form füllen und im Ofen (Mitte) ca. 20 Min. backen.

2 Den Kuchen auskühlen lassen, aus der Form lösen und in einer Schüssel fein zerkrümeln. Frischkäse und Konfitüre dazugeben und alles zu einer formbaren Masse verarbeiten. Daraus 20 Bällchen rollen und 30 Min. kalt stellen.

3 Fondants weich kneten. Rosa und blauen Fondant 2 mm dick ausrollen und mit der Tülle Kreise ausstechen (je 1 blauen Kreis für den Schnuller und 2 rosa Kreise für die Backen). Aus weißem Fondant für die Schnuller 20 Kügelchen formen, flach drücken, auf einer Seite anfeuchten und in der Mitte 1 weißen Kreis befestigen.

4 Die Kuvertüre fein hacken und über dem heißen Wasserbad schmelzen. Cake-Pop-Stiele ca. 1 cm tief in die Kuvertüre tauchen und mit dieser Seite in die Bällchen stecken, Cake-Pops 15 Min. kalt stellen. Dann die Cake-Pops am Stiel festhalten und ganz in die Kuvertüre tauchen. Herausziehen, abtropfen lassen und zum Trocknen in die Styroporplatte stecken. Die übrige Kuvertüre in eine Spritztüte füllen.

5 Zartbitterschokolade fein hacken, über dem heißen Wasserbad schmelzen und 10 Min. abkühlen lassen. Die Schokolade in die zweite Spritztüte füllen. Bei beiden Spritztüten an der Spitze eine kleine Ecke abschneiden.

6 Mit der Zartbitterschokolade jeweils Mund, Augen und eine Haarlocke auf die Cake-Pops zeichnen, fest werden lassen. Mit der weißen Kuvertüre je 1 kleinen Punkt rechts, links und in die Mitte des Mundes spritzen. Rosa Bäckchen und Schnuller daraufsetzen und leicht andrücken. Abschließend die Nase »aufmalen«.

WEIHNACHTS-POPS

200 g Spekulatius | 150 g Doppelrahm-Frisch-käse | 4 TL Orangenmarmelade | je 150 g weiße und rote Candy Melts | 50 g schwarze Candy Melts | 5 weiße Jelly Beans | Silberzucker | 50 g grüner Fondant | 18 Zuckersterne
Außerdem:
18 Cake-Pop-Stiele | Styroporplatte | Modellier-stab Nr. 2 | 2 kleine Spritztüten

Schmeckt nach Weihnachten

Für 18 Cake-Pops | 45 Min. Zubereitung |
1 Std. Kühlen
Pro Stück ca. 200 kcal, 1 g EW, 10 g F, 25 g KH

1 Kekse in der Küchenmaschine zerkleinern und mit Frischkäse und Marmelade zu einer formbaren Masse verarbeiten. Daraus je 9 Kegel und Bällchen formen, 1 Std. kalt stellen. Dann die Candy Melts getrennt über dem heißen Wasserbad schmelzen.

2 Die flache Seite der Kegel 1 cm tief ins weiße Melt tauchen. Abtropfen lassen, auf Cake-Pop-Stiele stecken und zum Trocknen in die Styropor-platte stechen. Die Bällchen zuerst auf die Stiele stecken, dann komplett ins weiße Melt tauchen.

3 Kegel von der Spitze bis zum weißen Rand ins rote Melt tauchen. Abtropfen und trocknen lassen. Jelly Beans halbieren, ins rote Melt dippen, an der Kegelspitze befestigen. Mit dem Zucker bestreuen.

4 Fondant weich kneten, 3–4 mm dick ausrollen. Für Schals 9 Streifen (1 × 10 cm) zuschneiden und die Ränder mit dem Modellierstab bearbeiten. Für Ohrwärmer 9 dünne Schnüre (4 cm lang) rollen und je 2 Sterne damit verbinden. Das rote und schwarze Melt jeweils in eine Spritztüte füllen und auf die Bällchen Augen, Mund und Nase »malen«. Die Ohrwärmer und Schals befestigen.

PRINZESSIN, IHR CUPCAKE WARTET

3 Eier (M) | 60 g Zucker | 2 Pck. Vanillezucker | 75 g Mehl | 50 g rosa Fondant | essbarer Glitter zum Bestreuen | 1 Rezept Buttercreme (siehe hintere Klappe) | rote Lebensmittelfarbe
Außerdem:
12er-Muffinblech | Butter für das Blech | 12 Cupcake-Förmchen | Sternausstecher (4 cm ⌀) | 12 Cake-Pop-Stiele | Spritzbeutel mit Sterntülle (15 mm ⌀)

Königlicher Genuss

Für 12 Cupcakes | 25 Min. Zubereitung | 15 Min. Backen
Pro Stück ca. 405 kcal, 2 g EW, 19 g F, 56 g KH

1 Backofen auf 180° vorheizen. Die Mulden des Muffinblechs einfetten. Eier trennen. Die Eiweiße steif schlagen, den Zucker und Vanillezucker einstreuen und weiterschlagen, bis die Masse fest ist.

Eigelbe dazugeben und rasch unterrühren, das Mehl unterheben. Teig in die Blechmulden füllen und im Ofen (Mitte) ca. 15 Min. backen. Herausnehmen, kurz abkühlen lassen und aus dem Blech lösen. Auskühlen lassen.

2 Fondant weich kneten, 2 – 3 mm dick ausrollen und mit dem Ausstecher 24 Sterne ausstechen. Cake-Pop-Stiele um ein Drittel kürzen. Jeweils 1 Stielende zwischen 2 Sterne legen, die Sterne zusammendrücken. Mit Wasser einpinseln und mit Glitter bestreuen.

3 Die Buttercreme halbieren und eine Hälfte mit der Lebensmittelfarbe rosa einfärben. Die weiße und rosa Buttercreme nebeneinander in den Spritzbeutel füllen. Buttercreme auf die Muffins spritzen, mit etwas Glitter bestreuen und mit den Sternzeptern krönen.

SCHAURIG SCHÖN

100 g weiche Butter | 100 g brauner Zucker | 1 Eigelb (M) | 1 TL Vanille-Extrakt | 140 g Mehl | ½ Rezept Royal Icing (siehe hintere Klappe) | 1 EL Zitronensaft | schwarze Lebensmittelfarbe
Außerdem:
Mehl zum Arbeiten | runde Ausstechform (7 cm ⌀) | 16 Holzstäbchen (ca. 20 cm lang) | 3 kleine Spritztüten

Cookie-licious

Für 16 Cookies | 30 Min. Zubereitung | 12 Min. Backen | 1 Std. Trocknen
Pro Stück ca. 165 kcal, 1 g EW, 5 g F, 28 g KH

1 Backofen auf 190° vorheizen. Backblech mit Backpapier auslegen. Butter und Zucker cremig rühren. Eigelb, Vanille-Extrakt und das Mehl unterrühren und alles zu einem Teig kneten. Auf einer bemehlten Arbeitsfläche 5 mm dick ausrollen und 16 Kreise ausstechen. Die Teigkreise auf das Blech legen und die Holzstäbchen vorsichtig wie einen Lolli hineinstecken. Im Ofen (Mitte) in 10 – 12 Min. hell backen. Auskühlen lassen.

2 Icing dritteln. Ein Drittel mit Zitronensaft verdünnen, ein Drittel mit Lebensmittelfarbe schwarz einfärben. Jedes Icing in eine Spritztüte füllen.

3 Cookies nach und nach zuerst mit dem weißen festen Icing umranden und dann den Innenbereich mit dem verdünnten Icing ausfüllen. Die Cookies 30 Min. trocknen lassen. Anschließend für Gespenstergesichter mit dem schwarzen Icing auf jedes Cookie große Augen, Nasenlöcher und einen Mund aufmalen. Wer mag, zieht noch in kurzen Abständen einen Zahnstocher durch die Mundlinie, sodass feine »Nähte« entstehen. Nochmals 30 Min. trocknen lassen.

FLOWER-POWER

je 150 g gelber, rosa und grüner Fondant |
3 Eier (M) | 60 g Zucker | 2 Pck. Vanillezucker |
75 g Mehl | 1 Rezept Buttercreme (siehe hintere
Klappe) | 3 EL Puderzucker
Außerdem:
runde Ausstechform (8 cm ∅) | Motiv-Ausstech-
formen (2–3 cm ∅, z. B. Schmetterlinge, Blü-
ten, Blätter) | 12er-Muffinblech | Butter für das
Blech | Modellierstab Nr. 3 | Pinsel

Echt blumig

Für 12 Cupcakes | 25 Min. Zubereitung |
3 Std. Trocknen | 15 Min. Backen
Pro Stück ca. 555 kcal, 2 g EW, 21 g F, 89 g KH

1 Die Fondants weich kneten, 2 – 3 mm dick ausrollen. Aus dem grünen Fondant 12 Kreise ausstechen, luftdicht verpacken. Aus übrigem Fondant
Motive ausstechen und 2 – 3 Std. trocknen lassen.

2 Backofen auf 180° vorheizen. Die Mulden des
Muffinblechs einfetten. Eier trennen. Die Eiweiße
steif schlagen, den Zucker und Vanillezucker einstreuen und weiterschlagen, bis die Masse fest ist.
Eigelbe dazugeben und rasch unterrühren, das
Mehl unterheben. Teig in die Blechmulden füllen
und im Ofen (Mitte) ca. 15 Min. backen. Herausnehmen, kurz abkühlen lassen und aus dem Blech lösen. Auskühlen lassen.

3 Muffins oben dünn mit Buttercreme einstreichen, dabei rundherum einen Rand von 2 cm freilassen. Fondant-Kreise auf die Cupcakes legen,
von der Mitte aus andrücken und glatt streichen.

4 Den Puderzucker mit ½ TL Wasser verrühren
und mit dem Pinsel dünn auf die Fondant-Kreise
auftragen. Die Fondant-Motive darauf arrangieren
und leicht andrücken, kurz trocknen lassen.

CUPCAKE-TOWERS

Warum einen nehmen, wenn man drei haben kann? Diese Mini-Kuchen sind lecker und sehen toll aus. Aufgetürmt machen sie gleich noch mehr Eindruck. Also ran an die Cupcakes!

Für den Teig:
3 Eier (M)
60 g Zucker
2 Pck. Vanillezucker
75 g Mehl
50 g Schokoladentropfen
Für die Himbeer-Buttercreme:
100 g Himbeeren
100 g weiche Butter
300 g Puderzucker
Für die Garnitur:
je 100 g rosa, gelber und
oranger Fondant
Außerdem:
runde Ausstechformen (1 cm,
1½ cm und 2 cm ∅)
12er-Muffinblech
12er-Mini-Muffinblech
Butter für die Bleche
Spritzbeutel mit Lochtülle
(8 mm ∅)

Hoch hinaus

Für 4 Türme |
30 Min. Zubereitung |
3 Std. Trocknen |
12 Min. Backen
Pro Turm ca. 1060 kcal,
8 g EW, 34 g F, 180 g KH

1 Alle Fondant-Farben weich kneten und 5 mm dick ausrollen. Für Knöpfe Kreise in unterschiedlichen Größen und Farben ausstechen. Dann in jeden Fondant-Kreis mit einem etwas kleineren Ausstecher einen Rand eindrücken und mit einem Zahnstocher die Knopflöcher »einstechen«.

2 Für 4 Garnspulen aus dem Fondant je 2 Kreise (1½ cm) ausstechen. Für den Mittelsteg jeder Spule 1 Rolle formen. Fondant-Kreise mit Wasser einpinseln und rechts und links jeder Rolle befestigen. Übrigen Fondant zu dünnen Fäden rollen und auf die Spulen wickeln. 3 Std. trocknen lassen.

3 Backofen auf 180° vorheizen. Die Mulden der Muffinbleche einfetten. Für den Teig Eier trennen. Die Eiweiße steif schlagen, den Zucker und Vanillezucker einstreuen und weiterschlagen, bis die Masse fest ist. Eigelbe dazugeben und rasch unterrühren, das Mehl und die Schokotropfen mit dem Teigschaber unterheben. Den Teig in 8 große und 4 Mini-Blechmulden füllen und im Ofen (Mitte) 10 – 12 Min. bzw. 8 – 10 Min. backen. Herausnehmen, kurz abkühlen lassen und aus dem Blech lösen. Auskühlen lassen.

4 Für die Buttercreme Himbeeren mit dem Stabmixer pürieren und durch ein feines Sieb in eine Schüssel streichen. Butter dazugeben und beides mit den Quirlen des Handrührgeräts in 5 Min. cremig rühren. Puderzucker dazusieben und langsam einrühren. In den Spritzbeutel füllen und die Buttercreme als Tuff auf die großen Muffins spritzen. Je 2 große Muffins aufeinandersetzen und mit 1 Mini-Muffin krönen. Die Cupcake-Towers mit den Knöpfen und den Garnspulen verzieren.

SUPERHERO-COOKIES

Der ultimative Energieschub für kleine und große Superhelden! Einfach und schnell zubereitet für Kindergeburtstage oder Kostümpartys. KA-POW!

Für den Teig:
125 g kalte Butter
220 g Mehl
80 g Puderzucker
40 g gehäutete gemahlene Mandeln
1 Eigelb (S)
Für die Garnitur:
1 Rezept Royal Icing (siehe hintere Klappe)
schwarze und blaue Lebensmittelfarbe
1–2 EL Zitronensaft
kleine Zuckersterne
Außerdem:
Mehl zum Arbeiten
runde Ausstechform (8 cm ⌀)
5 kleine Spritztüten
Modellierstab Nr. 3

Du bist mein Held!

Für 20 Cookies |
30 Min. Zubereitung |
30 Min. Kühlen |
10 Min. Backen |
1 Std. Trocknen
Pro Stück ca. 215 kcal,
2 g EW, 6 g F, 37 g KH

1 Für den Teig die Butter in kleine Würfel schneiden und mit Mehl, Puderzucker, gemahlenen Mandeln und dem Eigelb in eine Schüssel geben. Alle Zutaten rasch zu einem glatten Teig verkneten. Den Teig auf der bemehlten Arbeitsfläche ca. ½ mm dick ausrollen und 20 Kreise ausstechen. Auf ein mit Backpapier ausgelegtes Blech legen und 30 Min. kalt stellen.

2 Den Backofen auf 180° vorheizen. Die Cookies im Ofen (Mitte) ca. 10 Min. backen. Herausnehmen und auf einem Kuchengitter auskühlen lassen.

3 Vom Royal Icing 2 EL abnehmen und mit Lebensmittelfarbe schwarz einfärben. Den Rest halbieren und eine Hälfte mit blauer Lebensmittelfarbe einfärben. Weißes und blaues Icing nochmals halbieren und jeweils eine Hälfte mit ½–1 EL Zitronensaft verdünnen. Alle Icings in die Spritztüten füllen und jeweils an den Spitzen kleine Ecken abschneiden.

4 Nun zuerst mit dem dickflüssigen blauen Icing die Umrandung der Helme auf die Kekse spritzen (Bild 1) und dann mit dem dünnflüssigen blauen Icing ausfüllen (Bild 2). Die restliche Fläche der Kekse weiß umranden und ausfüllen. 30 Min. trocknen lassen.

5 Jetzt mit dem schwarzen Icing die Brillen aufmalen und mit dem Modellierstab nachziehen, sodass die Linien etwas breiter werden (Bild 3). Augen und Mund mit schwarzem Icing aufmalen und die Sterne mit weißem Icing an den Helmen befestigen. Die Cookies nochmals 30 Min. trocknen lassen.

LADIES' NIGHT

½ Bio-Orange | 225 g weiche Butter |
100 g brauner Zucker | 2 Eier (M) | 70 g Mehl |
40 g gehäutete gemahlene Mandeln | 175 g Puderzucker | 50 g Kakaopulver | 150 g rosa Fondant | große weiße Zuckerperlen
Außerdem:
6er-Muffinblech | Butter für das Blech | Lineal |
Modellierstäbe Nr. 2 und 6 | runde Ausstechform (8 cm ⌀)

Einfach schokoladig

Für 6 Cupcakes | 45 Min. Zubereitung |
35 Min. Backen
Pro Stück ca. 700 kcal, 7 g EW, 40 g F, 78 g KH

1 Backofen auf 180° vorheizen. Die Mulden des Muffinblechs einfetten. Orange heiß waschen, abtrocknen und die Schale fein abreiben, 2 EL Saft auspressen.

2 100 g Butter und braunen Zucker cremig rühren. Eier nach und nach unterrühren. Mehl, Mandeln, Orangenschale und -saft unterheben. Teig in die Blechmulden füllen, im Ofen (Mitte) 30 – 35 Min. backen. Herausnehmen, kurz abkühlen lassen, aus dem Blech lösen. Auskühlen lassen.

3 Übrige Butter, Puderzucker und Kakao in 5 Min. cremig rühren. Die Muffins oben mit einer dünnen Schicht Buttercreme einstreichen.

4 Fondant weich kneten, 3 – 4 mm dick ausrollen. Mithilfe von Lineal und Modellierstab (Nr. 2) Linien ins Fondant ziehen, sodass ein Karo- oder Rautenmuster entsteht. Die Überschneidungspunkte mit dem Modellierstab (Nr. 6, Sternspitze) einstechen und jeweils 1 Perle leicht hineindrücken. Nun aus dem gemusterten Fondant 6 Kreise ausstechen und die Cupcakes damit bedecken.

ROCK-'N'-ROLL-CUPCAKES

½ Rezept Carrot-Cake-Teig (siehe hintere Klappe) | 100 g Puderzucker | 100 g weiche Butter | 300 g Doppelrahm-Frischkäse | je 50 g schwarzer und roter Fondant | weiße Zuckerschrift

Außerdem:

6er-Muffinblech | Butter für das Blech | Spritzbeutel mit Lochtülle (10 mm ∅) | runde Ausstechformen (1½ cm und 3 cm ∅) | Sternausstecher (2 cm ∅) | Modellierstab Nr. 1

Die rocken richtig!

Für 6 Cupcakes | 30 Min. Zubereitung | 30 Min. Backen
Pro Stück ca. 660 kcal, 7 g EW, 46 g F, 55 g KH

1 Backofen auf 180° vorheizen. Die Mulden des Muffinblechs einfetten. Teig in die Blechmulden füllen und im Ofen (Mitte) 30 Min. backen. Herausnehmen, kurz abkühlen lassen und die Muffins aus dem Blech lösen. Auskühlen lassen.

2 Für das Frosting Puderzucker und Butter mit den Quirlen des Handrührgeräts in 3 Min. hell und cremig schlagen. Den Frischkäse auf niedrigster Stufe zügig unter die Creme rühren, damit sie nicht gerinnt. Das Frosting in den Spritzbeutel füllen und spiralförmig auf die Muffins spritzen.

3 Fondants weich kneten, 3–4 mm dick ausrollen. Aus dem schwarzen Fondant 6 große Kreise, aus dem roten Fondant 6 kleine Kreise und 6 Sterne ausstechen. Sterne mit Zuckerschrift beschriften (z.B. Rock it!). Für Schallplatten die schwarzen Kreise mit Wasser einpinseln und je 1 roten Kreis daraufsetzen, andrücken. Mit dem Modellierstab jeweils ein kleines Loch in die Mitte stechen. Cupcakes mit Schallplatten und Sternen dekorieren.

AHOI, SEEMANN!

Diese kleinen Cake-Pop-Boote verschönern jede Abschiedsparty.
Da können Sie getrost in See stechen.

Für die Cake-Pops:
250 g Butterkekse
4 TL Nuss-Nougat-Creme
150 g Doppelrahm-Frischkäse
2 EL Sahnelikör (z. B. Baileys)
Für die Garnitur:
je 150 g blaue und weiße
Modellierschokolade (ersatzweise Candy Melts)
Außerdem:
18 Cake-Pop-Stiele
2 kleine Spritztüten
Dekorpapier

Sail away

Für 18 Cake-Pops |
45 Min. Zubereitung |
45 Min. Kühlen |
1 Std. Trocknen
Pro Stück ca. 175 kcal,
2 g EW, 8 g F, 24 g KH

1 Die Butterkekse in der Küchenmaschine zerkleinern und in eine Schüssel geben. Nuss-Nougat-Creme, Frischkäse und Likör dazugeben und alles zu einer formbaren Masse verarbeiten. Daraus 18 Bällchen formen, 30 Min. kalt stellen.

2 Ein Backblech mit Backpapier auslegen. Die blaue und weiße Modellierschokolade fein hacken und jeweils über dem heißen Wasserbad schmelzen. Die Cake-Pop-Stiele ca. 1 cm tief in die Schokolade tauchen und mit dieser Seite in die Bällchen stecken, 15 Min. kalt stellen.

3 Dann nach und nach die Hälfte der Cake-Pops jeweils an dem Stiel festhalten und komplett in die blaue Schokolade tauchen. Herausziehen, abtropfen lassen und kopfüber auf das vorberei-tete Blech stellen, 30 Min. trocknen lassen. Die andere Hälfte der Cake-Pops mit der weißen Schokolade überziehen.

4 Die restliche blaue und weiße Schokolade jeweils in eine Spritztüte füllen und an den Spitzen eine kleine Ecke abschnei-den. Steuerräder, Anker, Wellen, Fischchen oder »Ahoi!« auf die Cake-Pops malen. Erneut 30 Min. trocknen lassen.

5 Für die Segel aus dem Dekorpapier Rechtecke (7 × 4 cm) aus-schneiden, an den kurzen Seiten in der Mitte jeweils ein kleines Loch einstechen und die Cake-Pop-Stiele durchschieben.

TIPP Statt Modellierschokolade oder Candy Melts kann man auch weiße Kuvertüre verwenden und diese selbst blau einfärben. Dazu eignen sich fettlösliche Pulverfarben am besten.

GUTE BESSERUNG

Ob Schnupfennase oder gebrochenes Bein, manchmal braucht man einfach eine kleine Aufmunterung! Wie diese Marmorkuchen mit viel Schoki – damit es ganz schnell besser wird!

Für den Teig:
120 g weiche Butter
120 g Zucker
2 Eier (M)
120 g Mehl
1 TL Backpulver
1 TL Vanille-Extrakt
2 EL Milch
2 EL Kakaopulver
Für die Garnitur:
½ Rezept Schokoglasur (siehe hintere Klappe)
½ Rezept Royal Icing (siehe hintere Klappe)
rote Lebensmittelfarbe
50 g weißer Fondant
Außerdem:
2 kleine Kastenformen (je 10 cm lang)
Butter für die Formen
1 kleine Spritztüte
Modellierstäbe Nr. 2 und 6

Leckeres Trostpflaster

Für 2 Mini-Kuchen à 4 Stücke |
20 Min. Zubereitung |
35 Min. Backen |
1 Std. Trocknen
Pro Stück ca. 495 kcal, 5 g EW,
18 g F, 78 g KH

1 Backofen auf 180° vorheizen, die Kastenformen einfetten. Für den Teig alle Zutaten außer dem Kakaopulver in eine Schüssel geben und mit den Quirlen des Handrührgeräts verrühren. Den Teig halbieren und unter eine Hälfte das Kakaopulver rühren. Den hellen und dunklen Teig abwechselnd in die Formen füllen und 30 – 35 Min. im Ofen (Mitte) backen. Herausnehmen, auskühlen lassen und aus den Formen lösen.

2 Kuchengitter in ein tiefes Backblech stellen, die Kuchen daraufsetzen. Die flüssige Schokoladenglasur gleichmäßig darüber verteilen. Kuchen ruhen lassen, bis die Glasur komplett fest ist.

3 Royal Icing mit der Lebensmittelfarbe einfärben und in die Spritztüte füllen. An der Spitze eine kleine Ecke abschneiden.

4 Den Fondant weich kneten, 2 mm dick ausrollen und Rechtecke (1 ½ × 5 cm) mit abgerundeten Ecken ausschneiden. Mit den Modellierstäben feine Linien und kleine Löcher eindrücken und die Rechtecke mit dem Icing so verzieren, dass sie wie Pflaster aussehen. 1 Std. trocknen lassen.

5 Mit dem übrigen Icing Grüße und Gute-Besserung-Wünsche auf die Kuchen schreiben und die Pflaster mit dem Icing an den Kuchen befestigen.

TIPP

Mamorkuchen mal anders? Backaromen bieten Abwechslung. Wie wär's denn mal mit Rum-, Mandel- oder Orangengeschmack? Den Teig ohne Kakao und Vanille zubereiten, teilen und dann nach Lust und Laune verfeinern.

EINFACH SCHÖN

Einfach kann jeder? Na, dann nichts wie los! Ob mit viel Farbe und bunt gemustert oder ganz schlicht in Weiß, ob mit Ombré-Effekt oder hübschen Rüschchen, Buttercreme oder Fondant – mit diesen Dekorationsideen verwandeln Sie Ihr Kuchenbüfett in Nullkommanichts in ein echtes Highlight. Ihre Gäste werden Augen machen.

KONFETTI-TORTE

Statt mit einem gekauften Geschenk mache ich meinen Lieben gerne eine Freude mit Selbstgebasteltem oder -gebackenem wie mit dieser hübschen Torte.

Für den Teig:
6 Eier (M)
120 g Zucker
4 Pck. Vanillezucker
150 g Mehl
1 TL Backpulver
Für die Füllung:
1 Rezept Beerenmousse (mit Himbeeren, siehe hintere Klappe)
Für die Garnitur:
1 Rezept Buttercreme (siehe hintere Klappe)
je 100 g gelber, oranger und grüner Fondant
Goldzucker
Außerdem:
2 Springformen (à 20 cm ⌀)
Butter für die Formen
Spritzbeutel mit Lochtülle (6 mm ⌀)
Lochtülle (4 mm ⌀)

Fruchtiges Vergnügen

Für 1 Torte (16 Stücke) |
1 Std. Zubereitung |
20 Min. Backen |
1 Std. Kühlen
Pro Stück ca. 565 kcal, 5 g EW, 28 g F, 72 g KH

1 Backofen auf 180° vorheizen. Die Böden der Springformen mit Backpapier auslegen, die Ränder einfetten. Eier trennen. Eiweiße mit den Quirlen des Handrührgeräts steif schlagen. Zucker und Vanillezucker langsam einstreuen und weiterschlagen, bis die Masse fest ist. Eigelbe dazugeben und rasch unterrühren. Mehl und Backpulver mit dem Teigschaber unterheben. Teig in die vorbereiteten Formen füllen und im Ofen (Mitte) ca. 20 Min. backen.

2 Die beiden Tortenböden auskühlen lassen, aus den Formen lösen und jeweils waagrecht in 2 gleich hohe Platten schneiden. Jede Platte (bis auf die oberste) mit dem Himbeermousse einstreichen, dann alle Platten aufeinandersetzen.

3 Die Torte rundherum mit einer dünnen Schicht Buttercreme einstreichen und 1 Std. kalt stellen. Dann eine zweite, ein wenig dickere Cremeschicht auftragen und mit einer Palette in unregelmäßigen Strichen verteilen. Restliche Creme in den Spritzbeutel füllen und in kleinen Tuffs oben am Rand entlang aufspritzen.

4 Fondants weich kneten und 2 – 3 mm dick ausrollen. 10 Dreiecke (2 × 3 cm) in unterschiedlichen Farben ausschneiden. Mit den Lochtüllen bunte Konfetti ausstechen und etwas flach drücken. Die Dreiecke als Wimpelkette um den Tortenrand legen. Die Torte mit den Konfetti und dem Goldzucker verzieren.

TIPP

Beim Ausstechen das schmale Ende der Lochtülle immer wieder in Speisestärke tauchen, damit die Fondant-Konfetti nicht an der Tülle kleben. Beim Anbringen von Konfetti und Wimpeln kann eine Pinzette sehr hilfreich sein.

ERDBEER-OMBRÉ-TORTE

Ob mit drei, vier oder fünf Farben – diese Torte ist ein echter Hingucker. Die Spritz- und Einstreichtechnik ist superschnell gelernt und gibt einen echten Wow-Look.

Für den Teig:
6 Eier (M)
120 g Zucker
4 Pck. Vanillezucker
150 g Mehl
1 TL Backpulver
Für die Füllung:
1 Rezept Beerenmousse (mit Erdbeeren, siehe hintere Klappe)
Für die Garnitur:
1 Rezept Buttercreme (siehe hintere Klappe)
rote Lebensmittelfarbe (siehe Tipp)
Außerdem:
2 Springformen (à 20 cm ∅)
Butter für die Formen
Spritzbeutel mit Lochtülle (16 mm ∅)

Echt beerig

Für 1 Torte (16 Stücke) |
1 Std. Zubereitung |
20 Min. Backen |
1 Std. Kühlen
Pro Stück ca. 490 kcal, 5 g EW, 27 g F, 56 g KH

1 Backofen auf 180° vorheizen. Die Böden der Springformen mit Backpapier auslegen, die Ränder einfetten. Eier trennen. Eiweiße mit den Quirlen des Handrührgeräts steif schlagen. Zucker und Vanillezucker langsam einstreuen und weiterschlagen, bis die Masse fest ist. Eigelbe dazugeben und rasch unterrühren. Mehl und Backpulver mit dem Teigschaber unterheben. Teig in die vorbereiteten Formen füllen und im Ofen (Mitte) ca. 20 Min. backen.

2 Die beiden Tortenböden auskühlen lassen, aus den Formen lösen und jeweils waagrecht in 2 gleich hohe Platten schneiden. Jede Platte (bis auf die oberste) mit dem Erdbeermousse einstreichen (Bild 1), dann alle Platten aufeinandersetzen.

3 Buttercreme halbieren und eine Hälfte mit der Lebensmittelfarbe hellrosa einfärben. Die andere Cremehälfte nochmals halbieren und jeweils dunkelrosa und pink einfärben. Die Torte rundherum dünn mit etwas hellrosa Buttercreme einstreichen (Bild 2) und 1 Std. kalt stellen.

4 Pinke Buttercreme in den Spritzbeutel füllen und damit das untere Drittel des Tortenrands rundherum einspritzen (Bild 3). Nächstes Drittel mit der dunkelrosa und übrigen Rand und die Oberseite mit der restlichen hellrosa Buttercreme einspritzen. Dann die Creme mithilfe einer Palette und Teigkarte einstreichen und die Oberfläche der Torte glätten (siehe S. 6).

TIPP

Zum Färben von Buttercreme eignen sich am besten fettlösliche Lebensmittelfarben in Pulverform. Da die Farben oft stark färben, immer erst eine kleine Menge untermischen.

GANZ IN WEISS

Ob Hochzeit, feierliches Jubiläum oder einfach schwer verliebt – diese Torte verzaubert garantiert jeden.

Für den Teig:
3 Eier (M)
60 g Zucker
2 Pck. Vanillezucker
75 g Mehl
Für die Garnitur und Füllung:
100 g Marzipan-Rohmasse
1 kg Puderzucker (plus 1–3 TL für das Marzipan)
goldenes Lebensmittelspray (z. B. von Wilton)
500 g weiche Butter
3 TL Rum-Aroma
75 g Kokosraspel
große weiße Zuckerperlen
Außerdem:
Springform (20 cm ∅)
Butter für die Form
Motiv-Vorlage (Love)
4 Zahnstocher
Spritzbeutel mit Sterntülle (10 mm ∅)

Love is in the air!

Für 1 Torte (14 Stücke) |
45 Min. Zubereitung |
20 Min. Backen |
1 Std. Kühlen
Pro Stück ca. 680 kcal, 3 g EW, 36 g F, 86 g KH

1 Backofen auf 180° vorheizen. Boden der Springform mit Backpapier auslegen, Rand einfetten. Eier trennen. Eiweiße mit den Quirlen des Handrührgeräts steif schlagen. Zucker und Vanillezucker langsam einstreuen und weiterschlagen, bis die Masse fest ist. Eigelbe rasch unterrühren, Mehl unterheben. Den Teig in die vorbereitete Form füllen und im Ofen (Mitte) ca. 20 Min. backen. Dann den Tortenboden auskühlen lassen, aus der Form lösen und waagrecht in 2 gleich hohe Platten schneiden.

2 Die Motiv-Vorlage auf möglichst dickem Papier einmal ausdrucken (siehe vordere Klappe), die Buchstaben ausschneiden und als Schablonen verwenden. Marzipan mit 1 – 3 TL Puderzucker verkneten, 5 – 6 mm dick ausrollen, Schablonen auflegen und die Buchstaben ausschneiden. Jeden Buchstaben auf 1 Zahnstocher stecken und auf Backpapier legen. Mit Goldspray besprühen, trocknen lassen, wenden und auch die andere Seite einsprühen.

3 Butter und Rum-Aroma mit den Quirlen des Handrührgeräts in 5 Min. hellcremig rühren. Puderzucker dazusieben und langsam einrühren. Die untere Tortenbodenplatte mit einem Viertel der Buttercreme bestreichen und mit den Kokosraspeln bestreuen, obere Tortenbodenplatte daraufsetzen. Die Torte rundherum möglichst glatt mit einem weiteren Viertel Creme einstreichen, dann 1 Std. kalt stellen. Übrige Creme in den Spritzbeutel füllen.

4 Tortenrand dicht mit Buttercremerosen verzieren: Spritzbeutel immer wieder im 20-Grad-Winkel ansetzen, schneckenförmig von innen nach außen bewegen und dann nach vorne wegziehen. Die Zuckerperlen als Kette um den oberen Tortenrand legen. Buchstaben so in die Torte stecken, dass man »Love« lesen kann.

MUSTERGÜLTIG

4 Eier (M) | 85 g Zucker | 2 Pck. Vanillezucker | 100 g Mehl | ½ Rezept Schokocreme (siehe hintere Klappe) | 150 g Konfitüre (z. B. Pfirsich) | 750 g weißer Fondant | je 150 g fliederfarbener, hellgrüner und blauer Fondant

Außerdem:

2 Springformen (10 cm und 15 cm ⌀) | Butter für die Formen | Motiv-Vorlage (Zickzackmuster) | runde Ausstechformen (2 cm, 3 cm, 4 cm ⌀) | essbarer Kleber (ersatzweise Royal Icing)

Muster gefällig?

Für 1 Torte (16 Stücke) | 1 Std. 45 Min. Zubereitung | 15 Min. Backen
Pro Stück ca. 530 kcal, 4 g EW, 16 g F, 91 g KH

1 Backofen auf 180° vorheizen. Springformböden mit Backpapier auslegen, Ränder einfetten. Aus Eiern, Zucker, Vanillezucker und Mehl wie in der hinteren Klappe beschrieben einen Teig rühren, in die Formen füllen, im Ofen (Mitte) 10 – 15 Min. backen.

2 Tortenböden auskühlen lassen, aus den Formen lösen und jeweils waagerecht in 2 gleich hohe Platten schneiden. Jede Platte mit Schokocreme einstreichen, die Böden wieder zusammensetzen und dann rundherum mit Konfitüre einstreichen. Weißen Fondant weich kneten und 3 – 4 mm dick ausrollen. Tortenböden damit einschlagen, dann zur mehrstöckigen Torte aufbauen (siehe S. 8).

3 Motiv-Vorlage ausdrucken (siehe vordere Klappe), ausschneiden und als Schablone verwenden. Buntes Fondant kneten, 2 – 3 mm dick ausrollen und 3 Zickzacklinien ausschneiden. Aus dem restlichen Fondant unterschiedlich große Kreise ausstechen, 1 Streifen (1 ½ × 10 cm) zuschneiden. Fondant-Motive mit Kleber an der Torte befestigen.

SO BUNT, SO SCHÖN

1 Rezept Zitronen-Mandel-Boden (in 2 Spring-formen à 10 cm ∅ gebacken, siehe S. 64) |
½ Rezept Vanillecreme (siehe hintere Klappe) |
2 Rezepte Buttercreme (siehe hintere Klappe) |
gelbe, rote und blaue Lebensmittelfarbe (am besten fettlösliche Pulverfarbe)

Außerdem:
3 Spritzbeutel mit Lochtülle (12 mm ∅)

Bunt und lecker

Für 1 Torte (16 Stücke) | 1 Std. Zubereitung |
1 Std. Kühlen
Pro Stück ca. 765 kcal, 4 g EW, 45 g F, 86 g KH

1 Böden waagrecht halbieren. 3 Platten mit je einem Drittel Vanillecreme bestreichen und zu einer Torte stapeln. Unbestrichene Platte obenauf legen. Die Torte rundherum dünn mit einem Viertel der Buttercreme einstreichen. 1 Std. kalt stellen.

2 Die restliche Buttercreme dritteln und mit der Lebensmittelfarbe jeweils in Gelb, Rot und Blau einfärben. Jede Buttercremefarbe in einen Spritz-beutel füllen.

3 Jetzt am Tortenrand in einer senkrechten Reihe rote Cremekreise aufspritzen. Eine kleine Winkel-palette oder einen Teelöffel in die Mitte des ersten Kreises setzen, leicht andrücken und nach links wegziehen. Bei den restlichen Kreisen genauso vorgehen. Dann rechts daneben eine weitere Reihe blauer und dann gelber Kreise formen. So fortfah-ren, bis der Tortenrand bedeckt ist.

4 Auf die Oberseite der Torte von außen begin-nend rundherum abwechselnd Reihen aus blauen, roten und gelben Kreise aufspritzen, diese aber mit der Palette oder dem Löffel nicht zur Seite, son-dern zum Rand hin glatt wegziehen.

OH DEER!

Mit dieser leckeren Möhrentorte verwandeln Sie Ihre Kaffeetafel in ein Winter-Wunderland.
Da schmeckt's gleich noch mal so gut!

Für den Teig:
2 Möhren (160 g)
70 g Walnusskerne | 2 Eier (M)
125 g brauner Zucker
160 ml neutrales Pflanzenöl
180 g Mehl | 2 TL Backpulver
1 TL Zimtpulver
½ TL frisch geriebene
Muskatnuss
½ TL Ingwerpulver
Für die Garnitur:
100 g Orangenmarmelade
850 g weißer Fondant
150 g roter Fondant
große rote Zuckerperlen
Außerdem:
Springform (20 cm ⌀)
Butter für die Form
Motiv-Vorlage (Rentier)
stabiles Dekorpapier
1 Zahnstocher
Fondant-Glätter
essbarer Kleber

Aufs Rentier gekommen

Für 1 Torte (14 Stücke) |
50 Min. Zubereitung |
1 Std. Backen
Pro Stück ca. 535 kcal, 3 g EW,
19 g F, 86 g KH

1 Backofen auf 180° vorheizen. Den Boden der Springform mit Backpapier auslegen und den Rand einfetten. Möhren schälen und fein reiben, Nüsse grob hacken. Eier, Zucker und Öl in einer Rührschüssel mit den Quirlen des Handrührgeräts schaumig schlagen. Mehl, Backpulver und Gewürze sowie die Walnüsse und die Möhren dazugeben und alles untermengen. Teig in die Form füllen und im Ofen (Mitte) 50–60 Min. backen.

2 Motiv-Vorlage ausdrucken, das Rentier auf das Dekorpapier übertragen. Rentier ausschneiden und mit Klebeband an einem Zahnstocher befestigen. Den Tortenboden auskühlen lassen, aus der Form lösen, rundherum mit Marmelade einstreichen.

3 Weißen Fondant weich kneten und 3–4 mm dick ausrollen. Fondant-Platte über den Tortenboden legen, auf der Oberseite leicht andrücken. Fondant rundherum anheben und leicht an die Seiten drücken. Mit dem Glätter von oben nach unten glatt streichen, überstehenden Fondant abschneiden (siehe S. 7).

4 Dann aus dem roten und dem restlichen weißen Fondant je 2 dünne Schnüre (30 cm lang) rollen. Je 1 rote und weiße Schnur mehrfach umeinanderwickeln, sodass ein gedrehtes Band entsteht. 1 weiteres gedrehtes Band von 15 cm Länge herstellen und daraus eine Schleife formen.

5 Am Tortenrand rundherum mit dem Kleber eine Linie ziehen und 1 Band andrücken, dann die Schleife ankleben. Eine dünne Klebelinie oben am Rand entlang ziehen und die Perlen daraufsetzen. Innerhalb der Perlenkette Kleber auftragen, das zweite Band befestigen. Zum Schluss das Rentier in die Torte stecken.

WILLKOMMEN IM LEBEN!

Schnuller, Strampler, Nuckelflasche – alles schon da? Wie wär's denn dann mit dieser tollen Torte? Die gibt's ganz bestimmt nur einmal.

Für die Garnitur:
75 g hellgrauer Fondant
100 g weißer Fondant
2 kleine schwarze Zucker-
perlen
2 Rezepte Buttercreme (siehe
hintere Klappe)
blaue oder rote Lebensmittelfarbe (am besten fettlösliche
Pulverfarbe)
Für den Teig:
4 Eier (M)
200 g Zucker
160 g Mehl
60 g Kakaopulver
1 ½ TL Backpulver
1 Prise Salz
Für die Füllung:
180 g Erdbeeren
180 g Sahne
75 g Zucker
Außerdem:
essbarer Kleber (ersatzweise
Royal Icing)
dünner Draht (ca. 7 cm)
Springform (20 cm ⌀)
Butter für die Form
Spritzbeutel mit Rosentülle
(8 – 10 mm ⌀)

Süße Sünde

Für 1 Torte (14 Stücke) |
45 Min. Zubereitung |
12 Std. Trocknen |
55 Min. Backen
Pro Stück ca. 805 kcal, 4 g EW,
38 g F, 112 g KH

1 Die Fondants weich kneten. Aus dem grauen Fondant einen Elefantenkörper formen, aus dem weißen Fondant die Ohren und einen Luftballon. Ohren mit dem Kleber auf dem Elefantenkörper befestigen, dann die Zuckerperlen als Augen aufkleben. Den Luftballon auf den Draht stecken und damit am Rüssel befestigen. Den Elefant mind. 12 Std. (am besten über Nacht) trocknen lassen.

2 Aus dem übrigen weißen Fondant zwei Streifen (3 × 60 cm und 5 × 15 cm) zuschneiden. Die Enden des kurzen Streifens zur Mitte falten, andrücken. Die Schlaufen raffen, sodass eine Schleife entsteht, ebenfalls trocknen lassen. Den zweiten Streifen luftdicht verpacken, damit er nicht austrocknen kann.

3 Am nächsten Tag den Backofen auf 160° vorheizen. Den Boden der Springform mit Backpapier auslegen und den Rand einfetten. Eier und Zucker in einer Rührschüssel mit den Quirlen des Handrührgeräts in 5 Min. schaumig schlagen. Mehl, Kakaopulver, Backpulver und Salz dazugeben und untermengen. Teig in die Form füllen und im Ofen (Mitte) 50 – 55 Min. backen.

4 Den Tortenboden auskühlen lassen, aus der Form lösen und waagrecht in 2 gleich hohe Platten schneiden. Für die Füllung Erdbeeren waschen, putzen und in dünne Scheiben schneiden. Die Sahne steif schlagen, dabei den Zucker nach und nach einrieseln lassen. Tortenboden mit Sahne und Erdbeeren füllen.

5 Die Buttercreme mit der Lebensmittelfarbe hellblau oder rosa einfärben. Mit einem Viertel der Creme die Torte rundherum dünn einstreichen. Dann oben etwas Creme auftragen und schön glatt streichen. Übrige Buttercreme in den Spritzbeutel füllen.

6 Die Buttercreme in Rüschen auf den Tortenrand spritzen. Dazu die Tülle mit dem dünnen Ende nach oben an der Torte anlegen und die Creme mit gleichmäßigem Druck und in kurzen Auf-und-ab-Bewegungen aufspritzen. Unten beginnen und am oberen Rand abschließen. Zum Schluss die Schleife ans Fondant-Band kleben, das Band um die Torte legen. Elefant auf die Torte setzen.

SURPRISE, SURPRISE!

Eine meiner absoluten Lieblingstorten. Die bunten Stücke sehen einfach toll aus auf den Tellern und der Überraschungseffekt ist garantiert.

Für den Teig:
6 Eier (M)
120 g Zucker
4 Pck. Vanillezucker
150 g Mehl
lila Lebensmittelfarbe
Für die Füllung und Garnitur:
350 g Himbeerkonfitüre
1 Rezept Buttercreme (siehe
hintere Klappe)
lila Dekorzucker
Außerdem:
Springform (20 cm ∅)
Butter für die Form
nicht zu dünnes Dekorpapier
Bindfaden (ca. 25 cm)
2 Holzstäbchen (ca. 15 cm)

Für Farben-Fans

Für 1 Torte (14 Stücke) |
40 Min. Zubereitung |
1 Std. 15 Min. Backen |
30 Min. Kühlen
Pro Stück ca. 455 kcal, 4 g EW,
18 g F, 70 g KH

1 Backofen auf 180° vorheizen. Den Boden der Springform mit Backpapier auslegen, den Rand einfetten. Eier trennen. Eiweiße mit den Quirlen des Handrührgeräts steif schlagen. Zucker und Vanillezucker langsam einstreuen und weiterschlagen, bis die Masse fest ist. Eigelbe dazugeben und rasch unterrühren. Mehl mit dem Teigschaber unterheben.

2 Den Teig in fünf Portionen teilen und jede Portion in eine Schüssel geben. Mit der Lebensmittelfarbe in unterschiedlichen Farbabstufungen einfärben. Eine Teigportion in die Form füllen und im Ofen (Mitte) ca. 15 Minuten backen, auskühlen lassen. Die übrigen Teigportionen ebenso backen und auskühlen lassen.

3 Den ersten Tortenboden mit etwas Konfitüre bestreichen und den zweiten Boden daraufsetzen. Mit den übrigen Böden genauso verfahren, sodass eine hohe, geschichtete Torte entsteht.

4 Die Torte zunächst dünn mit einem Drittel der Buttercreme einstreichen und 30 Min. kalt stellen. Dann die Torte mit der übrigen Buttercreme einstreichen, dabei diese in unregelmäßigen Strichen verteilen, sodass ein wellenartiges Muster entsteht. Mit dem Dekorzucker verzieren.

5 Aus dem Dekorpapier schmale Rechtecke (ca. 2 cm breit) in unterschiedlicher Länge ausschneiden. Jeweils auf einer kurzen Seite ein kleines Dreieck herausschneiden und auf der anderen kurzen Seite ca. ½ cm umbiegen. Den Faden an die beiden Holzstäbchen binden und die Wimpel mit der umgebogenen Seite daran festkleben. Die Holzstäbchen in die Torte stecken und so eine Wimpelkette aufspannen.

THE ART OF CAKE

Jetzt heißt es ran an die echten Motivtorten! Hier kommen alle Tortenkünstler und
-bastler voll auf ihre Kosten. Mit Schräglage, fliegenden Smarties und kriminellen
Details. Da wird die Küche zum Tatort! Und wer nicht genug davon bekommen kann,
darf die Back-Kunstwerke mit eigenen Ideen gerne noch mehr aufmotzen.

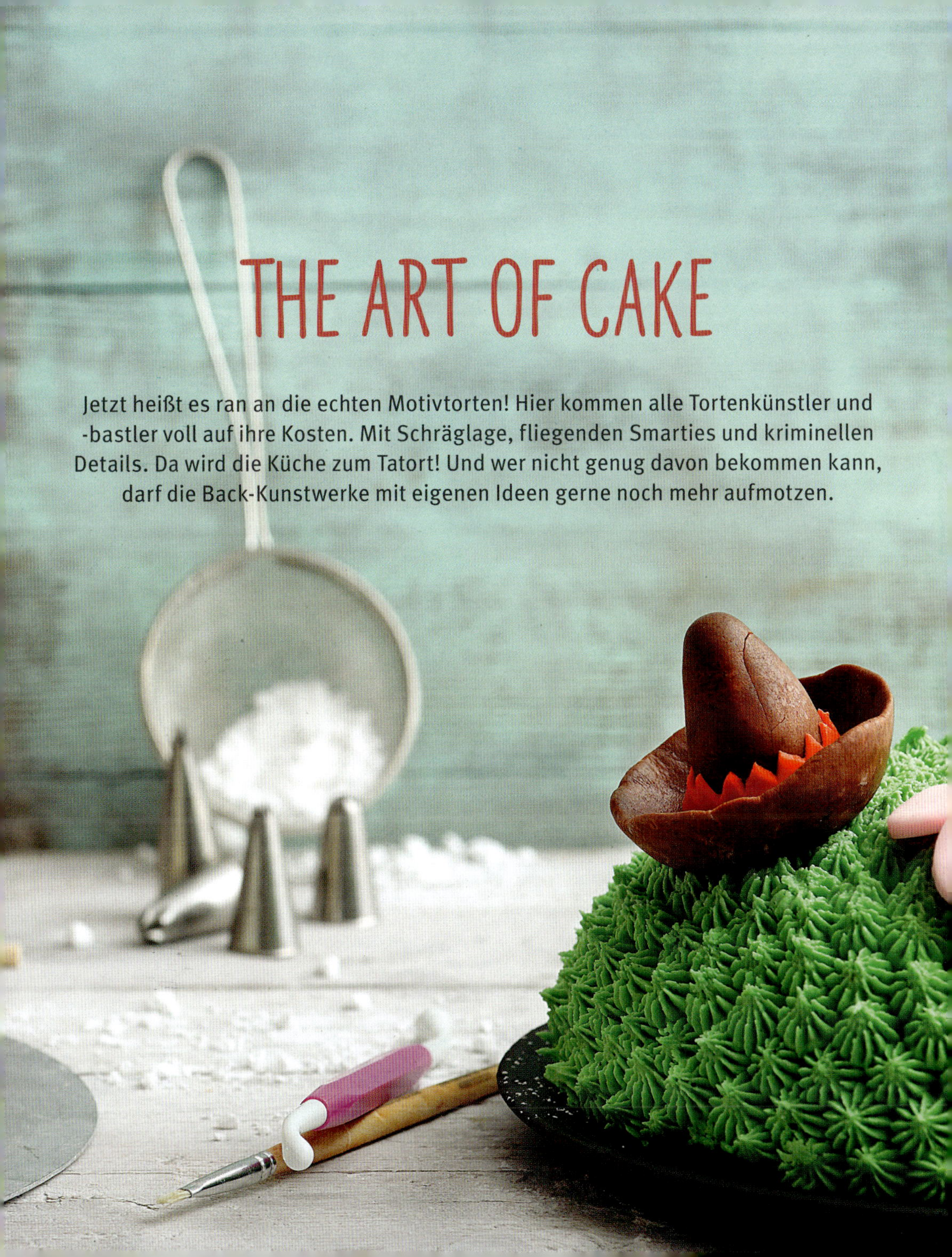

ACHTUNG: STACHELIG!

Aber die Stacheln werden nichts nützen! Vanilletortenboden, limettige Buttercreme und Smarties – da will jeder ein Stückchen abhaben.

Für die Füllung und Garnitur:
1 Bio-Limette | 450 g weiche Butter | 1 kg Puderzucker je 50 g brauner, rosa und schwarzer Fondant
150 g Mini-Schokolinsen grüne Lebensmittelfarbe
Für den Teig:
3 Eier (M) | 60 g Zucker
2 Pck. Vanillezucker
75 g Mehl | ½ TL Backpulver
Außerdem:
Motiv-Vorlage (Bart)
Blütenblattausstecher (4 cm ⌀)
halbkugelförmige Metall-schüssel (18 cm ⌀)
Butter und Mehl für die Schüssel
Springform (18 cm ⌀)
Spritzbeutel mit Sterntülle (6 mm ⌀)

Fiesta olé!

Für 1 Torte (14 Stücke) |
45 Min. Zubereitung |
2 Std. Trocknen |
20 Min. Backen
Pro Stück ca. 680 kcal, 3 g EW, 31 g F, 98 g KH

1 Die Motiv-Vorlage einmal ausdrucken (siehe vordere Klappe). Limette heiß waschen und abtrocknen, die Schale fein abreiben, 1 EL Saft auspressen. Butter in 5 Min. cremig rühren. Puderzucker, Limettenschale und -saft unterrühren.

2 Die Fondants weich kneten und 3 – 4 mm dick ausrollen. Braunen Fondant zu einem Sombrero formen. Aus dem rosa Fondant 5 Blütenblätter ausstechen und 3 Kügelchen formen und zu einer Blüte zusammensetzen. Aus dem schwarzen Fondant nach der Vorlage einen Bart formen. Alles 2 Std. trocknen lassen.

3 Backofen auf 180° vorheizen. Metallschüssel einfetten, mit Mehl ausstäuben und in die Springform stellen. Eier trennen. Eiweiße mit den Quirlen des Handrührgeräts steif schlagen. Zucker und Vanillezucker langsam einstreuen und weiterschlagen, bis die Masse fest ist. Eigelbe dazugeben und rasch unterrühren. Mehl und Backpulver mit dem Teigschaber unterheben. Den Teig in die vorbereitete Schüssel füllen und im Ofen (Mitte) ca. 20 Min. backen. Den Tortenboden vorsichtig aus der Schüssel stürzen, abkühlen lassen und waagerecht halbieren.

4 Den unteren Tortenboden mit der Hälfte der Buttercreme bestreichen. Die Schokolinsen darauf verteilen und oberen Boden (Kuppel) daraufsetzen. Restliche Buttercreme grün einfärben und die Torte mit einer dünnen Cremeschicht einstreichen.

5 Übrige grüne Creme in den Spritzbeutel füllen und auf die Torte rundherum kleine Tupfen spritzen, sodass ein Kaktus entsteht. Zum Schluss die stachelige Torte noch mit Bart, Blume und Sombrero dekorieren.

TATORT-TORTE

Sonntagabend mit Freunden zu telefonieren – fast unmöglich! Ab 20 Uhr haben nämlich alle einen festen Termin ... Für alle Krimi-Fans kommt hier die passende Torte.

Für den Teig:
150 g Himbeeren
3 Eier (M)
60 g Zucker
2 Pck. Vanillezucker
75 g Mehl

Für die Füllung und Garnitur:
½ Rezept Royal Icing (siehe hintere Klappe)
schwarze und rote Lebensmittelfarbe (am besten fettlösliche Pulverfarbe)
je 100 g gelber und schwarzer Fondant
50 g grauer Fondant
1 Rezept Buttercreme (siehe hintere Klappe)
850 g weißer Fondant
100 g Erdbeerkonfitüre

Außerdem:
2 Springformen (10 cm und 15 cm ⌀)
Butter für die Formen
1 kleine Spritztüte

Sonntag 20:15 Uhr

Für 1 Torte (8 Stücke) |
1 Std. Zubereitung |
15 Min. Backen |
30 Min. Trocknen
Pro Stück ca. 730 kcal, 2 g EW, 19 g F, 139 g KH

1 Backofen auf 180° vorheizen. Die Böden der Springformen mit Backpapier auslegen und die Ränder einfetten. Himbeeren nur falls nötig waschen und abtropfen lassen. Eier trennen. Eiweiße mit den Quirlen des Handrührgeräts steif schlagen. Zucker und Vanillezucker langsam einstreuen und weiterschlagen, bis die Masse fest ist. Eigelbe dazugeben und rasch unterrühren. Das Mehl mit dem Teigschaber unterheben. Teig in die vorbereiteten Formen füllen, Himbeeren darauf verteilen und leicht eindrücken. Im Ofen (Mitte) 10 – 15 Min. backen, dann auskühlen lassen.

2 Knapp zwei Drittel Royal Icing schwarz einfärben und in die Spritztüte füllen. Gelben Fondant weich kneten und 4 mm dick ausrollen. 3 Rechtecke (2 × 4 cm) ausschneiden und in der Mitte falten, sodass man sie als Spurensicherungs-Markierungen aufstellen kann. Mit dem schwarzen Icing mit 1,2 und 3 beschriften. Dann noch ein langes Band (2 ½ cm × 35 cm) für die Absperrlinie zuschneiden. Ebenfalls mit dem Icing beschriften. Schwarzen und grauen Fondant weich kneten und daraus den Schaft (schwarz) und die Klinge (grau) eines Messer formen. Beides mit einem Zahnstocher verbinden. Aus dem übrigen grauen Fondant einige Patronen formen. Alles 30 Min. trocknen lassen.

3 Die Hälfte der Buttercreme rot einfärben. Die Tortenböden aus den Formen lösen und jeweils waagrecht in 2 gleich hohe Platten schneiden. Jede Platte mit roter Buttercreme einstreichen, die Böden wieder zusammensetzen und dann rundherum mit einer dünnen Schicht weißer Buttercreme einstreichen. Weißen Fondant weich kneten und 3 – 4 mm dick ausrollen, Tortenböden damit einschlagen, dann zur mehrstöckigen Torte aufbauen (siehe S. 8).

4 Absperrband um den unteren Rand des kleinen Tortenbodens legen, dabei als Kleber weißes Royal Icing verwenden. Das Messer in die untere Etage der Torte stechen und um den Einstich herum etwas Konfitüre als Blut auftragen. Mit dem schwarzen Icing die Leichenmarkierung oben auf der Torte aufmalen und mit Konfitüre-Blut verzieren. Zum Schluss die Markierungen der Spurensicherung und die Patronenkugeln platzieren.

JIPPIE, NEUER JOB!

Herzlichen Glückwunsch! Egal ob erster Job, neuer Job oder endlich Traumjob –
das wird groß gefeiert. Und natürlich mit der passenden Torte.

Für den Teig:
4 Eier (M)
200 g Zucker
160 g Mehl
60 g Kakaopulver
1 ½ TL Backpulver
1 Prise Salz
Für die Füllung und Garnitur:
3 Pfirsiche
1 Rezept Vanillecreme (siehe
hintere Klappe)
150 g Pfirsichkonfitüre
750 g blauer Fondant
je 50 g rosa und oranger
Fondant
100 g gelber Fondant
große gelbe Zuckerperlen
Außerdem:
Springform (20 cm ⌀)
Butter für die Form
Fondant-Glätter

Mit Schlips und Kragen

Für 1 Torte (14 Stücke) |
1 Std. Zubereitung |
55 Min. Backen
Pro Stück ca. 590 kcal, 6 g EW,
17 g F, 103 g KH

1 Backofen auf 160° vorheizen. Den Boden der Springform mit Backpapier auslegen und den Rand einfetten. Eier und Zucker in einer Rührschüssel mit den Quirlen des Handrührgeräts in 5 Min. schaumig schlagen. Mehl, Kakao, Backpulver und Salz dazugeben und untermengen. Teig in die Form füllen und im Ofen (Mitte) 50 – 55 Min. backen. Tortenboden auskühlen lassen, aus der Form lösen und waagrecht in 2 gleich hohe Platten schneiden.

2 Pfirsiche waschen, entsteinen und in kleine Stücke schneiden. Einen Tortenboden mit der Vanillecreme und den Pfirsichstücken füllen, den zweiten Boden aufsetzen. Die Torte rundherum mit der Konfitüre einstreichen (einen kleinen Rest der Konfitüre für später zurückbehalten).

3 Den Fondant weich kneten und 3 – 4 mm dick ausrollen. Blaue Fondant-Platte über den Tortenboden legen, auf der Oberseite leicht andrücken. Den Fondant rundherum anheben und leicht an die Seiten drücken. Mit dem Glätter von oben nach unten glatt streichen, überstehenden Fondant abschneiden (siehe S. 7).

4 Aus dem übrigen blauen Fondant einen Hemdkragen und eine kleine Brusttasche zuschneiden. Aus dem rosa Fondant den Hals zuschneiden. Orangen Fondant in unterschiedlich dicke Streifen schneiden, auf den gelben Fondant legen und einrollen. Daraus eine Krawatte zuschneiden.

5 Den Hemdkragen und die Brusttasche, die Krawatte und den Hals auf der Torte anbringen, dabei restliche Konfitüre als Kleber verwenden. Zum Schluss noch das Hemd und den Kragen mit den Zuckerperlen dekorieren (mit wenig Wasser ankleben).

GRAVITY-CAKE

Gravity-Cakes sind der neueste Hit in Sachen Torte. Wie das geht? Psssstt, ...
eigentlich ganz einfach! Aber das muss ja niemand wissen.

Für den Teig:
4 Eier (M) | 200 g Zucker
160 g Mehl
60 g Kakaopulver
1 ½ TL Backpulver
1 Prise Salz
Für die Füllung und Garnitur:
100 g Aprikosenkonfitüre
1 Rezept Schokoglasur (siehe
hintere Klappe)
125 g Schokoladenfinger-Kekse
(z. B. Cadburys Fingers oder
Milka Lila Stix)
250 g bunte Schokolinsen
(1 Papp-Packung oder 1 Beutel
aufheben)
50 g Zartbitterschokolade
Außerdem:
Springform (20 cm ⌀)
Butter für die Form
1 dicker, stabiler Strohhalm

Macht schwer was her!

Für 1 Torte (14 Stücke) |
1 Std. Zubereitung |
55 Min. Backen |
1 Std. 30 Min. Trocknen
Pro Stück ca. 400 kcal, 7 g EW,
13 g F, 64 g KH

1 Backofen auf 160° vorheizen. Den Boden der Springform mit Backpapier auslegen und den Rand einfetten. Eier und Zucker in einer Rührschüssel mit den Quirlen des Handrührgeräts in 5 Min. schaumig schlagen. Mehl, Kakao, Backpulver und Salz dazugeben und untermengen. Den Teig in die Form füllen und im Ofen (Mitte) 50 – 55 Min. backen.

2 Den Tortenboden auskühlen lassen, aus der Form lösen und waagrecht in 2 gleich hohe Platten schneiden. Die Platten mit der Konfitüre einstreichen und wieder zusammensetzen. Torte mit der Schokoglasur überziehen (Bild 1), 5 Min. antrocknen lassen.

3 Dann die Kekse längs dicht nebeneinander am Tortenrand anbringen, dabei an einer Stelle 10 cm freilassen. 1 Std. trocknen lassen. Zwei Drittel der Schokolinsen so auf die Torte geben, dass sie wie ein umgedrehtes »V« von der Mitte aus bis in die Keksöffnung und über den Rand hinaus verteilt sind (Bild 2).

4 Ein kleines Loch in Papp-Packung oder Beutel der Schokolinsen stechen und diese auf den Strohhalm stecken. Schokolade fein hacken und über einem heißen Wasserbad schmelzen. Strohhalm von der Packung oder dem Beutel aus bis zur Hälfte mit Schokolade einstreichen und dann dicht mit Schokolinsen bekleben (Bild 3). Dabei in Etappen arbeiten und die Schokolade immer wieder antrocknen lassen, damit die Linsen gut halten.

5 Strohhalm mit der unbeklebten Seite tief in die Torte stecken und eventuelle freie Stellen am Strohhalm mit übriger Schokolade und restlichen Schokolinsen schließen.

TOPSY-TURVY

Bei dieser Torte mit viel Schräglage können Sie Ihr ganzes Dekorationstalent zum Einsatz bringen. Also ran an den Fondant und gleich mal ausprobieren!

Für den Teig:

9 Eier (M)
160 g Zucker
3 TL Vanille-Extrakt
225 g Mehl
1 ½ TL Backpulver

Für die Füllung und Garnitur:

150 g Beerenkonfitüre
2 Rezepte Buttercreme (siehe hintere Klappe)
850 g weißer Fondant
500 g gelber Fondant
350 g rosa Fondant
je 150 g hellgrüner und hellblauer Fondant
gelbe Lebensmittelfarbe (am besten fettlösliche Pulverfarbe)

Außerdem:

3 Springformen (10 cm, 15 cm und 20 cm ⌀)
Butter für die Formen
Holzstäbchen (ca. 20 cm lang)
Fondant-Glätter
Ausstechformen (Dreiecke 2 – 3 cm, Kreise 4 und 6 cm ⌀)
Spritzbeutel mit Sterntülle (6 mm ⌀)

Kultig

Für 1 Torte (26 Stücke) |
2 Std. 30 Min. Zubereitung |
30 Min. Backen
Pro Stück ca. 705 kcal, 3 g EW,
23 g F, 122 g KH

1 Backofen auf 180° vorheizen. Die Böden der Springformen mit Backpapier auslegen und die Ränder einfetten. Eier trennen. Die Eiweiße mit den Quirlen des Handrührgeräts steif schlagen. Zucker langsam einstreuen und weiterschlagen, bis die Masse fest ist. Eigelbe und Vanille-Extrakt rasch unterrühren. Mehl mit Backpulver mischen, sieben und mit dem Teigschaber unterheben. Den Teig in die vorbereiteten Formen füllen und dann im Ofen (Mitte) 25 – 30 Min. backen. Auskühlen lassen, aus den Formen lösen.

2 Vom oberen Teil des größten Bodens einen Keil (2 – 3 cm hoch) schräg zur Seite hin abschneiden, dabei in der Kuchenmitte ansetzen. Den Keil oben mit etwas Konfitüre einstreichen, umdrehen und so wieder auf den Tortenboden setzen, dass die Schräge verstärkt wird. Boden der mittleren Form auflegen, mit einem Holzstäbchen anzeichnen. Kreis 1 – 2 cm tief ausschneiden, dabei an der höheren Stelle der Torte tiefer schneiden, um eine waagrechte Schnittfläche zu erhalten. Mittleren Boden ebenso zuschneiden, dabei die kleine Form als Schablone verwenden. Von dem dritten Boden nur den Keil abschneiden und schräg wieder aufsetzen.

3 Alle Tortenböden waagrecht halbieren, mit übriger Konfitüre einstreichen, mit etwas Buttercreme füllen, zusammensetzen. Rundherum dünn mit Creme einstreichen. Fondants weich kneten, 3 – 4 mm dick ausrollen und die Böden damit einschlagen (siehe S. 7): den 20-cm-Boden mit der weißen, den 15-cm-Boden mit der gelben und den 10-cm-Boden mit der rosa Fondant-Platte.

4 Holzstäbchen in die ausgeschnittenen Kreise der ersten und zweiten Etage stecken und kürzen. Alle Etagen zusammensetzen, dabei je 1 – 2 EL Buttercreme als »Kleber« verwenden (siehe S. 8).

5 Aus dem grünen und blauen Fondant Dreiecke ausstechen und mit ein wenig Buttercreme um den Rand der ersten Etage kleben. Bunte Kreise ausstechen, auf Holzstäbchen stecken und diese auf unterschiedliche Längen kürzen. Die restliche Buttercreme mit der Lebensmittelfarbe gelb einfärben, in den Spritzbeutel füllen und rundherum kleine Tuffs auf die »Nahtstellen« der Etagen spritzen. Die Stäbchen mit den Kreisen in die oberste Tortenetage stecken.

ES GRÜNT SO GRÜN ...

Der grüne Daumen fehlt mir leider komplett, dafür zaubere ich aus Schokolade und Karamell tolle Blumen! Und über so einen essbaren Strauß freuen sich alle.

Für die Garnitur:
je 150 g rosa, roter, gelber und grüner Fondant
125 g Schokoladenstreusel
Für den Teig:
100 g weiche Butter
150 g Zucker | 2 Eier (M)
⅛ l Milch | 150 g Mehl
50 g Kakaopulver
2 TL Backpulver | 1 Prise Salz
Für das Karamell-Frosting:
60 g Butter | 50 g Sahne
100 g brauner Zucker
1 Prise grobes Meersalz
125–150 g Puderzucker
Außerdem:
12 Zahnstocher
Blütenausstecher (4 cm ⌀)
12er-Muffinblech
Butter für das Blech
Spritzbeutel mit Sterntülle
(10 cm ⌀)

Ganz ohne Gießen

Für 12 Muffins |
1 Std. Zubereitung |
1 Std. Trocknen |
25 Min. Backen
Pro Stück ca. 605 kcal,
5 g EW, 23 g F, 94 g KH

1 Fondants weich kneten, 2 mm dick ausrollen. Aus dem rosa, dem roten und dem gelben Fondant 12 Tropfen (1 cm ⌀) formen und auf Zahnstocher stecken, 1 Std. trocknen lassen. Dann aus diesen ausgerollten Fondant-Farben Blüten ausstechen und alles zu Rosen formen (siehe S. 9). Aus dem grünen Fondant Blätter formen und an den Stielen (Zahnstocher) befestigen.

2 Backofen auf 180° vorheizen. Die Mulden des Muffinblechs einfetten. Butter und Zucker in 5 Min. cremig rühren. Eier mit der Milch verquirlen und nach und nach unterrühren. Mehl, Kakao, Backpulver und Salz dazugeben und ebenfalls unterrühren. Den Teig in die Blechmulden füllen und im Ofen (Mitte) 20 – 25 Min. backen. Herausnehmen, kurz abkühlen lassen und aus dem Blech lösen. Auskühlen lassen.

3 Für das Frosting die Butter bei geringer Hitze schmelzen. Die Sahne und den braunen Zucker dazugeben und rühren, bis sich der Zucker aufgelöst hat. Alles 5 Min. offen köcheln lassen. Vom Herd nehmen und bei Zimmertemperatur abkühlen lassen. Meersalz und so viel Puderzucker mit den Quirlen des Handrührgeräts unterrühren, bis ein cremiges Frosting entsteht. Kurz kühlen.

4 Das Frosting in den Spritzbeutel füllen und möglichst flach auf die Muffins spritzen, dann großzügig mit den Schokoladenstreuseln bestreuen. Die Blumen in die Muffins stecken.

TIPP

Der Clou: Die Muffins statt im normalen Blech in Blumentopf-Backformen aus Silikon oder kleinen Tontöpfen (gründlich gesäubert und eingefettet) backen und darin servieren.

REGISTER

Damit Sie die Rezepte mit bestimmten Zutaten noch schneller finden, sind in diesem Register auch beliebte Zutaten wie **Konfitüre** oder **Schokolade** alphabetisch eingeordnet und hervorgehoben. Darunter finden Sie das Rezept Ihrer Wahl.

© 2016 GRÄFE UND UNZER VERLAG GmbH, München Alle Rechte vorbehalten. Nachdruck, auch auszugsweise, sowie die Verbreitung durch Film, Funk, Fernsehen und Internet, durch fotomechanische Wiedergabe, Tonträger und Datenverarbeitungssysteme jeglicher Art nur mit schriftlicher Genehmigung des Verlages.

Projektleitung: Verena Kordick
Lektorat: Christina Kempe
Korrektorat: Waltraud Schmidt
Innen- und Umschlaggestaltung: independent Medien-Design, Horst Moser, München
Herstellung: Mendy Jost
Satz: Kösel, Krugzell
Reproduktion: medienprinzen GmbH, München
Syndication:
www.seasons.agency
Printed in China

4. Auflage 2018
ISBN 978-3-8338-5166-7

 www.facebook.com/gu.verlag

Ein Unternehmen der
GANSKE VERLAGSGRUPPE

Die Autorin

Sandra Schumann ist Foodstylistin und Rezeptautorin. Ihre Leidenschaft für alles Kulinarische führte sie für einige Jahre nach Paris, wo sie bei verschiedenen Verlagen und Magazinen Kochbücher und Artikel veröffentlichte. Ihre Devise: Guter Geschmack allein ist nicht genug – auch optisch müssen Kuchen & Co. eine Menge hermachen!

Der Fotograf

Mathias Neubauer ist Foodfotograf und Grafikdesigner, er arbeitet für internationale Buchverlage und Magazine wie den FEINSCHMECKER. In seinem Studio in Seligenstadt hat er zusammen mit Konditorenmeisterin **Mareike Hill** (Foodstyling) aus kiloweise Butter, Puderzucker und Fondant die schönsten Torten gezaubert und stimmungsvoll fotografiert.

Bildnachweis

Autorenfoto: privat; alle anderen Fotos: Mathias Neubauer

Titelrezept

Topsy-Turvy-Torte (S. 56)

Liebe Leserin, lieber Leser,

haben wir Ihre Erwartungen erfüllt? Sind Sie mit diesem Buch zufrieden? Haben Sie weitere Fragen zu diesem Thema? Wir freuen uns auf Ihre Rückmeldung, auf Lob, Kritik und Anregungen, damit wir für Sie immer besser werden können.

GRÄFE UND UNZER Verlag
Leserservice
Postfach 86 03 13
81630 München
E-Mail:
leserservice@graefe-und-unzer.de

Telefon: 00800 / 72 37 33 33*
Telefax: 00800 / 50 12 05 44*
Mo–Do: 9.00 – 17.00 Uhr
Fr: 9.00 – 16.00 Uhr
(* gebührenfrei in D, A, CH)

Ihr GRÄFE UND UNZER Verlag
Der erste Ratgeberverlag – seit 1722.

Backofenhinweis:

Die Backzeiten können je nach Herd variieren. Die Temperaturangaben in unseren Rezepten beziehen sich auf das Backen im Elektroherd mit Ober- und Unterhitze und können bei Gasherden oder Backen mit Umluft abweichen. Details entnehmen Sie bitte Ihrer Gebrauchsanweisung.

Appetit auf mehr?

ISBN 978-3-8338-2843-0

ISBN 978-3-8338-3626-8

ISBN 978-3-8338-3965-8

ISBN 978-3-8338-4004-3

ISBN 978-3-8338-4463-8

ISBN 978-3-8338-4662-5

 Alle hier vorgestellten Bücher sind auch als eBook erhältlich.

GRUNDREZEPTE FÜR TORTENBÖDEN ...

Ob Zitrone-Mandel, Möhre, Vanille oder Schokolade – diese Teige sind
eine leckere Basis für so manches Wunderwerk in diesem Buch.

ZITRONEN-MANDEL-BODEN

Für 1 Springform (20 cm ⌀): Backofen auf 180°
vorheizen. Boden der Springform mit Backpapier
auslegen und den Rand einfetten. 200 g weiche
Butter und 200 g braunen Zucker in einer Rührschüssel mit den Quirlen des Handrührgeräts in
5 Min. cremig rühren. 4 Eier (M) nach und nach unterrühren. 125 g Mehl, 75 g gehäutete gemahlene
Mandeln, 1 TL Backpulver und die abgeriebene
Schale von 1 Bio-Zitrone dazugeben und untermengen. Den Teig in die Form füllen, glatt streichen und im Ofen (Mitte) 35–45 Min. backen. Info:
Wird der Teig in einer anderen Springformgröße
gebacken, variiert die Backzeit. Mit einem Holzstäbchen testen.

CARROT-CAKE

Für 1 Springform (20 cm ⌀): Backofen auf 180°
vorheizen. Boden der Springform mit Backpapier
auslegen, Rand einfetten. 2 Möhren (ca. 160 g)
schälen und fein reiben. 70 g Walnusskerne grob
hacken. 2 Eier (M), 125 g braunen Zucker und
160 ml Sonnenblumenöl in einer Rührschüssel
mit den Quirlen des Handrührgeräts schaumig
schlagen. 180 g Mehl, 2 TL Backpulver, 1 TL Zimtpulver, ½ TL frisch geriebene Muskatnuss,
½ TL Ingwerpulver sowie Walnüsse und Möhren
dazugeben und alles untermengen. Teig in die
Form füllen, glatt streichen und im Ofen (Mitte)
50–60 Min. backen. Info: Wird der Teig in einer
anderen Springformgröße gebacken, variiert die
Backzeit. Mit einem Holzstäbchen testen.